BIBLIOTHÈQUE SOCIALISTE

LA RÉPUBLIQUE

ET

LES GRÈVES

PAR

JULES GUESDE

Rédacteur en chef de l'*Égalité*.

Prix : 20 centimes

PARIS

EN VENTE CHEZ TOUS LES LIBRAIRES

1878

LA RÉPUBLIQUE

ET LES GRÈVES

Paris. — Imprimerie Adolphe REIFF
9, Place du Collége de France.

BIBLIOTHÈQUE SOCIALISTE

LA RÉPUBLIQUE

ET

LES GREVES

PAR

JULES GUESDE

Rédacteur en chef de l'*Égalité*.

PARIS

EN VENTE CHEZ TOUS LES LIBRAIRES

—

1878

Les grèves qui se multiplient depuis quelque temps
au nez et à la barbe de l'opportunisme républicain,
quelque peu dépité et désorienté, ont une portée
trop considérable pour qu'il soit possible de les né-
gliger sous prétexte que l'attention publique est
ailleurs.

Elles prouvent tout d'abord, par le fait seul de
leur existence, que la substitution de la forme républicaine à la forme monarchique, que l'établissement
de la République qui peut combler les vœux de la
bourgeoisie, laquelle émancipée économiquement depuis 1789 n'a plus besoin que d'indépendance, d'au-

tonomie politique ou gouvernementale, ne saurait être tout au plus qu'un commencement, le premier pas pour la classe ouvrière dont la révolution sociale est encore à faire.

Voici bientôt huit ans, en effet, que la République existe nominalement, deux ans qu'elle existe de droit, constitutionnellement, neuf mois enfin qu'elle existe de fait, par suite de la capitulation définitive de la coalition du 16 mai entre les mains des 363 ; et la condition des travailleurs en a été si peu modifiée, si peu améliorée que jamais, ni sous l'Empire de la Ricamarie et d'Aubin, ni sous aucune autre monarchie, on n'a vu en moins de temps autant de gens qui vivent exclusivement de travail réduits à se refuser collectivement au travail.

Depuis la seconde quinzaine de janvier, c'est-à-dire en moins de sept mois, les seules grèves enregistrées par les journaux se sont élevées à près de cent, embrassant plus de cinquante villes ou localités, (Angers, Lure, Auxerre, Epinac, Montceau, Annecy, Châtellerault, Lyon, Bezenet, Besançon, Tarare, le Hâvre, Nevers, Marseille, Decazeville, Paris, Bordeaux, Anzin, Saint-Chamand, Commines, Saint-Etienne, Unieux, etc.,) et atteignant une trentaine de corps de métier différents (boulangers, chapeliers, peintres et maçons, frappeurs, gantiers, chauffeurs, tisserands, serruriers, fondeurs, calfats, teinturiers, apprêteuses et dévideuses, typographes, mineurs, briquetiers, ouvrières en lacets, charpentiers, cochers, rubaniers, puddleurs, glaceuses de fil, etc.)

Et, ce qu'il y a de pis, c'est que toutes ces grèves étaient loin d'avoir pour objet une diminution de la journée de travail ou une augmentation de la main-d'œuvre. Une grande partie ne tendaient qu'au maintien du *statu quo* en matière de salaire, —qu'elle n'ont d'ailleurs pas obtenu.

Loin d'être devenue meilleure, la situation des prolétaires, d'une fraction des prolétaires au moins, a donc empiré. Et l'on arrive, on est forcé d'arriver à cette conclusion que la France a pu être reconquise sur une famille maudite, dont la spécialité historique, est de la faire envahir et démembrer après l'avoir avilie; qu'elle a pu être remise en possession d'elle-même, de ses représentants librement élus, sans que cet affranchissement national ait entraîné je ne dis pas le moindre avantage, mais la moindre garantie pour la majorité laborieuse de la nation. Si électeurs, si souverains qu'ils soient, les

salariés qui ont pu, au moyen de leur suffrage, libérer
intérieurement le pays, lui refaire des finances, un
crédit, des frontières, etc., ont été impuissants, non-
seulement à réduire d'une heure les travaux forcés
auxquels les condamne leur expropriation hérédi-
taire de tout le capital existant ; non-seulement à
accroître, si peu que ce soit, la part qui leur est attribuée sous forme de salaire dans la richesse géné-
rale dont ils sont cependant les seuls producteurs
ou reproducteurs annuels ; mais même à retenir, à
conserver les moyens insuffisants de subsistance
préalablement acquis.

Quelle démonstration plus éclatante de la stérilité,
au point de vue ouvrier, de ce suffrage universel
dont la plupart hélas ! encore dupes de la sophistique
radicale persistent à attendre leur émancipation
graduelle et pacifique !

Telle n'est pas, du reste, la seule, ni même la prin-
cipale leçon qui ressorte des derniers conflits entre
le capital et le travail, destinés à établir exprimen-
talement que la bourgeoisie républicaine actuellement
au pouvoir ne se distingue pas de la bourgeoisie bonapartiste ou royaliste, que le pavillon des classes
dirigeantes a pu changer mais non leur marchandise,

c'est-à-dire leur égoïsme homicide, leur âpreté à l'exploitation *per fas et nefas* du peuple travailleur, et qu'entre elle et lui il ne saurait y avoir de commun que le terrain de la lutte.

Pour nous limiter à la grève d'Anzin qui n'est pas seulement une des dernières en date et la plus importante, mais celle dans laquelle, à les entendre, nos républicains gouvernementaux auraient eu l'attitude la plus « correcte », la plus « impartiale » et la plus « protectrice » en même temps (1), à quel spectacle instructif jusqu'au scandale ne nous a-t-il pas été donné d'assister pendant les dix jours qu'a duré cette lutte inégale de sept ou huit mille meurt-de-faim contre la plus puissante Compagnie du monde, soutenue par toutes les forces morales et matérielles d'un grand Etat ?

Les républicains de la presse ?—A la première nouvelle des travaux interrompus à Abscon, Escandain, Bruay, etc., avant de connaître le pourquoi de cette interruption, sans chercher à le connaître, ils ont fait feu de toutes leurs colonnes contre les grévistes

---

(1) Voir l'*Economiste français* du 10 août.

1.

transformés en quoi? en blouses blanches d'un Jules Amigues, en agents à tant par tête de restauration impériale. Il y a même ceci à noter, c'est que ceux qui ont mené le plus vivement cette campagne de calomnie, sont précisément les plus radicaux, témoin la *Marseillaise*, dont le premier article sur ou plutôt contre la grève était odieusement intitulé: *une Vendée bonapartiste.*

Bonapartistes, parce qu'avec les quarante-cinq francs par quinzaine que leur donnent sur le papier MM. de Marsilly, Perier et autres Chabaud-Latour, avec les trente-deux ou trente-trois francs qu'ils touchent effectivement, des mineurs, pères de famille pour la plupart, déclaraient ne pouvoir suffire à la faim de deux ou trois personnes !

Bonapartistes, parce qu'ils réclamaient 5 francs par jour, 120 francs par mois, d'un travail réellement infernal, dont pas un de ces beaux messieurs de la presse libérâtre ne voudrait pour cent fois 120 francs !

Il est vrai que si le même refus de descendre dans les puits, dans ces puits où ils laissent souvent leurs os et d'où ils n'extraient jamais que leur propre misère, conjointement aux rentes de quelques parasites, si ce refus se fut produit avant le 4 septembre, c'est comme démagogues, comme républicains, que les mêmes *ouvriers du fonds* eussent été dénoncés par les mêmes plumitifs officiels ou officieux, à l'indignation publique. Ce qui, on l'avouera ne laisse pas que de faire compensation.

Les républicains de l'exécutif, eux, n'ont pas davantage hésité à lancer sur les mineurs en rupture de ban tous les gendarmes, procureurs et soldats disponibles. De Douai, de Valenciennes, de Lille, etc., une véritable armée a été mobilisée dès la première heure et expédiée contre eux. On n'a pas tiré sans doute, quoique le bruit en ait couru, ou l'on a tiré en l'air ; le sang ouvrier n'a pas coulé sous la République républicaine de 1878, comme il a coulé à la Ricamarie et à Aubin sous l'Empire plébiscitaire de 1867 ; mais à cela près, et sans qu'il soit possible d'établir jusqu'à quel point cette unique dérogation aux usages monarchiques ne doit pas être attribuée au seul hasard, nous voudrions qu'on nous signalât la moindre différence entre l'action gouvernementale républicaine d'hier et l'action gouvernementale bonapartiste d'il y a onze ans.

D'un côté était une riche, une richissime Compagnie, dont il ne sera pas inutile d'indiquer en quelques lignes l'origine et le développement :

Fondée par contrat en 1757, au capital nominal de quelques centaines de mille francs, la Régie d'Anzin est l'expression la plus haute et la plus crue du *vol* dont une collectivité peut être victime. Aux trésors souterrains que leur formation naturelle, géologique, antérieure et étrangère à l'homme, constitue nécessairement en fonds commun de l'espèce, en patrimoine de tous, qu'elle s'est fait concéder, se sont ajoutées diverses subventions de 12,500 liv. d'abord, de 35,000 ensuite, prélevées, elles, sur l'impôt, c'est-à-dire sur le produit du travail national. Et grâce à cette double spoliation du domaine et du trésor publics, elle possède à l'heure qu'il est 28,000 hectares, je ne sais combien de machines, et 21 puits en exercice, dont le rendement a été de plus de deux millions de tonnes métriques en 1877, qui pourraient cette année même fournir trois millions de tonnes et six millions d'ici deux ans, soit, au prix moyen de 12 à 13 francs la tonne, *40 à 80 millions par an*. Chacun de ses 288 deniers ou parts d'intérêt « généralement concentrés dans les familles des fondateurs (1) » qui a valu plus de 1,200,000 francs il y a quatre ans et qui vaut encore actuellement, malgré la baisse des charbons, plus d'un demi million (555,000 francs avant la grève), a rapporté à ses possesseurs, aussi fortunés qu'oisifs, jusqu'à 40,000 francs de dividende annuel. De telle sorte que depuis 1825 seulement, sans travail, même administratif, même de contrôle, *(2)* un Cornelis de Witt ou un Lambrecht, possesseur d'un seul denier — et il y en a qui en possèdent plus de 12 — a perçu, en prenant la moyenne entre le dividende de 1833 (8000 fr.) et celui de 1873, un somme de *un million, deux cent mille francs* à titre seul d'intérêt d'un capital de moins de mille francs à l'origine.

De l'autre étaient quelques milliers d'*ouvriers du fonds*, comme on appelle ces travailleurs de dessous terre, véritables damnés de l'enfer, non plus seulement social mais géologique, qui après avoir été

---

(1) Voir *la République Française* du 1er Aout.

(2) Les actionnaires n'ont aucun droit d'intervenir d'une manière quelconque dans la gestion de la Société ; ils ne peuvent jamais révoquer les régisseurs, qui sont inamovibles et absolument maîtres de disposer de toutes les propriétés de la Compagnie (*République Française* du 26 juin).

successivement rétribués dans les proportions suivantes :

Année	1825	339	50
—	1845	534	34
—	1865	736	68
—	1873	1168	69
—	1875	1129	11

(soit pour les cinquante dernières années qui ont produit douze cent mille francs d'intérêt par denier, un total de moins de 26 000 francs par mineur), repoussaient la réduction de 15 0/0 que de son propre aveu la Régie avait opérée sur le travail au marchandage ou à la tâche, et réclamaient un salaire fixe annuel de 1440 francs.

Et, dans le différent ainsi survenu et déterminé, c'est du côté de la Régie, des quelques millionnaires à ne rien faire, contre les travailleurs atteints dans leur existence même, que s'est rangée la République du suffrage universel. C'est au service d'une minorité d'exploiteurs contre la majorité des exploités, qu'un gouvernement qui s'intitule de tous, par tous et pour tous, a mis le sabre de ses dragons, le fusil de ses lignards, et la... balance de ses juges. C'est sur les producteurs dépouillés de leurs produits, c'est contre eux que s'est opérée la pression de l'État ; ce sont eux qui ont été traqués par les bois, coupés sur les routes, enlevés et expédiés dans les cellules de Valenciennes et de Douai, d'où ils ne sortent un moment que pour s'entendre condamner par lots à 3, à 6, à 13 mois de prison.

Encore une fois, qu'aurait pu faire de pis la pire ou, comme dit la *Défense sociale et religieuse*, « la plus sage » des monarchies ?

J'entends bien que les charges de cavalerie dont les journaux ont retenti pendant plus d'une semaine, les baïonnettes croisées sur les prisonniers *cueillis* par centaines, les mineurs de Denain gardés à vue, mis sous la surveillance de brigades entières, et ainsi empêchés matériellement d'entrer dans la grève, tout cela pour M. de Marcère et ses collègues, s'appelle « maintenir l'ordre public, protéger les propriétés et la liberté du travail ». M. le ministre de l'intérieur a la prétention d'être resté neutre dans le conflit. Il a fait plus : dans son discours de Maubeuge, il a érigé en principe cette *neutralité* gouvernementale. Mais que valent les paroles, même des paroles ministérielles, contre les faits ?

Nous ne sommes pas, quant à nous, partisan de

la neutralité gouvernementale en matière de grève.
Nous croyons qu'un gouvernement véritablement
démocratique — à supposer qu'il put en exister —
aurait autre chose à faire, *dans les conditions sociales
actuelles*, qu'à se croiser les bras et à laisser fonc-
tionner la loi de l'offre et de la demande, lorsque
l'exploitation capitaliste jette hors de l'usine ou de
l'atelier les travailleurs poussés à bout. Et cela par
l'excellente raison que la législation sur la propriété,
qui seule rend possible cette exploitation par la con-
centration qu'elle opère ou qu'elle laisse opérer entre
quelques mains de l'instrument et de l'élément du
travail de tous, étant d'origine, d'essence gouvernementale, le gouvernement a un devoir de redresse-
ment, de réparation à remplir vis-à-vis des exploités
— exploités par sa faute (1).

---

(1) Les repus de la *République française* ont beau jeu à
invoquer « la liberté de contracter, » laquelle « n'est que la
reconnaissance du droit qu'ont les particuliers de débattre
entre eux, en dehors de toute ingérence de l'autorité publique,
le règlement de leurs intérêts respectifs, toute fraude et toute
violence étant écartées du débat. »

Toute fraude et toute violence étant écartées, dites-vous.
Mais quels débats ont jamais été plus entachés de violence et
de fraude que ceux entre prolétaires et capitalistes ?

Est-ce que si les premiers sont réduits à se louer, à faire mar-
ché de leur corps, à vendre leur « force de travail » pour

Mais en se plaçant même sur le terrain de M. de Marcère, en admettant avec lui que l'Etat, un Etat républicain, put et dût se désintéresser de difficultés entre patrons et ouvriers, en bornant son rôle à la sauvegarde de l'ordre matériel, qui ne voit que cette règle n'a pas été observée dans le Nord, qu'elle n'est observée nulle part, et que le gouvernement de l'heure présente a pris ouvertement, violemment, fait et cause pour la Compagnie d'Anzin contre « ses » mineurs ?

Pour que la neutralité de M. de Marcère n'eût pas été un mensonge, il aurait fallu tout d'abord que la seule chance de succès qu'eussent les grévistes — c'est-

---

être appliquée à la fécondation du capital d'autrui, ce n'est pas précisément qu'ils ont été *fraudés* de leur part du capital collectif ou humain ? Et *fraudés* par qui ? Par cette « autorité publique » même, « en dehors de toute ingérence de laquelle la liberté du contrat exigerait que fussent réglés les intérêts des particuliers. » Est-ce que, d'autre part, le : *Travaille à mes conditions ou meurs*, du capitaliste, n'équivaut pas, comme *violence*, au : *La bourse ou la vie*, du voleur de grand chemin ? Et l'autorité publique, qui intervient dans le dernier de ces « contrats » sous la forme et dans la personne du gendarme, ne devrait pas « s'ingérer » dans le premier, alors surtout que c'est elle qui, en attribuant et en garantissant à quelques-uns ce qui appartient à tous, leur permet de se livrer à ce genre d'opérations ?

à-dire l'extension de la grève à Denain, sa généralisation — ne leur eut pas été militairement enlevée.

Les Régisseurs ont pu librement se réunir, se concerter, prendre à la majorité des voix telle décision qui leur a plu et qui est devenue obligatoire non-seulement pour la minorité de la Régie, mais pour la totalité des actionnaires *non consultés*. Pourquoi, à quel titre, la même liberté n'a-t-elle pas été laissée aux mineurs, brutalement séparés de leurs camarades des autres fosses, qu'ils n'ont pu ni obliger ni même engager à se joindre à eux?

Mais cela n'eut pas suffi pour maintenir égale la balance entre les deux parties. Il aurait encore fallu, puisque l'autorité se mêlait de protéger les propriétés de la Compagnie, son capital mobilier et immobilier, contre toute tentative de destruction, qu'elle s'occupât en même temps de protéger contre les effets destructeurs de la faim la seule propriété, le seul capital des grévistes, leur personne.

Il aurait fallu qu'en apportant à la Compagnie la seule chose qui lui manquât pour attendre sans crainte la capitulation de ses employés, c'est-à-dire la force, représentée par des troupes, beaucoup de

troupes, figurant elles-mêmes pour une somme de...
au budget des dépenses, elle apportât aussi aux
ouvriers la seule chose qui leur manquât pour attendre patiemment et tranquillement la soumission
de leurs employeurs, c'est-à-dire les moyens de
vivre, de subsister eux et les leurs, et ce à l'aide
d'une subvention budgétaire.

Il aurait fallu enfin que, alors qu'étaient renvoyés
par bandes devant la police correctionnelle les grévistes prévenus d'avoir attenté momentanément à la
liberté du travail d'autres mineurs, le directeur de la
Régie, M. de Marsilly, fût assis sur les mêmes bancs,
devant les mêmes juges, sous la même inculpation
d'atteinte à la liberté du travail pour tous les mineurs
congédiés par lui et mis ainsi dans l'impossibilité
absolue de travailler.

Alors, mais seulement alors, il eût été permis au
gouvernement de parler de son impartialité, et le
député de Domfront, devenu le ministre par moitié
de M. de Mac-Mahon et de M. Gambetta, eût pu
prendre au sérieux les félicitations épistolaires de
M. Martin Nadaud.

Car, pour compléter le tableau et souffler sur la
dernière illusion ouvrière, les victimes de l'exploita-

tion d'Anzin, déjà calomniées par la presse républicaine, et pourchassées, dispersées, embastillées par le ministère républicain, ont encore eu contre eux les républicains de la Représentation nationale.

C'est ainsi qu'il s'est trouvé un député, ancien ouvrier qui plus est, l'ex-maçon Martin Nadaud, pour donner le coup de pied de l'âne aux grévistes, en remerciant solennellement, par lettre datée de sa villégiature parlementaire, M. de Marcère de n'avoir fait donner la force armée que jusqu'aux baïonnettes inclusivement ; et qu'un autre député, le leur celui-là, le même Girard que, dans le moment le plus aigu de leur lutte pour l'existence, ils avaient pris la peine d'élire, d'envoyer à la Chambre avec dix mille francs d'indemnité, n'a pas craint de se faire contre eux et au milieu d'eux l'avocat de la Compagnie, justifiant les économies qu'elle avait dû faire sur leur dos, et les amenant par sa phraséologie larmoyante à redescendre battus et résignés dans les fosses.

Ainsi abandonné, trahi, livré par toutes les nuances, toutes les fractions du parti républicain bourgeois, le prolétariat français finira-t-il par ouvrir les yeux, par comprendre qu'il ne doit compter que sur lui-même, et par s'organiser en conséquence, c'est-à-dire en parti distinct, sur le terrain de la République, bien entendu, mais loin des républicains de la classe dirigeante et contre eux ? C'est ce que nous voulons espérer. Nous ne pouvons, en tous cas, que considérer comme d'heureux accidents, malgré. le redoublement de souffrances ouvrières qu'elles entraînent, les grèves comme celles d'Anzin, de Montceau, de Decazeville, etc., qui, en découvrant aussi clairement que dans la bourgeoisie les intérêts priment et *suppriment* les principes, que le capitaliste chez le bourgeois domine et annule le républicain, enseignent à la classe ouvrière la voie, la seule voie qui lui reste à prendre.

Il faut de toute nécessité, s'ils veulent réellement s'affranchir, c'est-à-dire s'affranchir économiquement, que les travailleurs, selon une expression populaire, soient « plus près de leurs intérêts », que leurs intérêts soient leurs seuls principes, pour ainsi dire, et qu'ils ne fraient, qu'ils ne se concertent et qu'ils n'agissent qu'avec ceux dont les intérêts sont solidaires des leurs, pour ne pas dire identiques.

Hors de cette *sécession*,—sans laquelle les déshérités de l'heure présente, toujours à la remorque de l'une ou de l'autre des fractions plus rivales qu'ennemies de la bourgeoisie, ne seront jamais qu'un troupeau que l'on tond et que l'on abat, le moment venu, comme tous les troupeaux, — il n'y a pas de salut pour eux.

Aussi, avec quelle stupéfaction douloureuse n'avons-nous pas vu, dans la dernière élection législative de Valenciennes, les mineurs en pleine grève d'Abscon, de Denain, d'Escondain, d'Haveluy, de Reulx, de Fresnes et de Vieux-Condé se diviser politiquement et voter, les uns, au nombre de 2,763, pour Renard, les autres, au nombre de 4,178, pour Girard. Comme si Girard et Renard ce n'était pas tout un ! Comme s'il était possible de distinguer entre le fidèle d'un Empire qui les décimait à coups de fusil et le partisan d'une République qui les assomme à coups de crosse et de plat de sabre ! Comme si le plus simple bon sens ne leur criait pas :

« Au lieu de combattre entre vous pour le choix d'un ami, d'un complice de vos exploiteurs, réunissez-vous donc, coalisez-vous directement contre ces exploiteurs mêmes ! Ouvriers, restez ouvriers, et ne soyez qu'ouvriers ! Vous êtes en grève, en bataille, prenez un gréviste, un combattant pour candidat, et lancez-le comme un projectile, avec l'unanimité de vos 6,941 suffrages, dans les jambes du vrai, du seul ennemi, celui qui ne vous « fait travailler » que pour vous enlever le produit de votre travail ! »

Quand vous déciderez-vous, ô salariés, à avoir vos hommes à vous, qui ne soïent qu'à vous ? Quand vous déciderez-vous encore et surtout à avoir un programme qui soit vôtre ?

Ni vos besoins, ni vos revendications n'ont quoi que ce soit de commun avec les revendications, avec les besoins de la gent capitaliste.

Ce qu'il lui faut à elle, ce pourquoi, après s'être battue contre la noblesse, elle s'est battue ensuite contre la monarchie, pour se battre enfin entre elle, c'est la liberté politique, c'est-à-dire la sauvegarde et la gérance de ses capitaux. Un changement de Constitution suffit et au-delà à son ambition.

Ce qu'il vous faut à vous, ce sont ces capitaux mêmes, qu'elle a concentrés entre ses mains et que vous ne pouvez, par suite, mettre en valeur que pour elle. Le Code civil est votre objectif direct.

Ce qu'elle poursuit, c'est la possession du pouvoir. Ce qu'elle veut, c'est gouverner, c'est-à-dire faire travailler autrui, le plus grand nombre, pour son propre compte. Elle entend être à la fois l'estomac et le cerveau de la collectivité, manger, jouir et penser pour les masses réduites au rôle de bras, d'instruments.

Ce que vous revendiquez, vous, dont l'idéal est fils de l'atelier et non de l'école, c'est, en même temps que l'obligation du travail pour tous, la jouissance pour chacun du produit entier de son travail. Mais vous n'imaginez même pas le droit de consommer sans le devoir de produire ; et une société dans laquelle vous consommeriez pour d'autres pendant que d'autres seraient réduits à produire pour vous, non-seulement ne vous fait pas envie, mais vous ferait horreur.

Son but, en un mot, est le privilége, le monopole, tant économiques qu'intellectuels, qui ne sont possibles qu'au moyen, à l'abri d'une armée, d'une police, d'un clergé, d'une magistrature, etc. Aussi quelques critiques qu'elle puisse leur adresser quant à la forme, ne touchera-t-elle jamais au fonds de ces

« institutions », comme elle les appelle, et qu'elle inventerait si elles n'existaient pas.

Le vôtre, à vous, est l'égalité ; vous voulez être des hommes, dans le sens humain du mot, vivant au milieu d'hommes, c'est-à-dire d'égaux non-seulement en droit, mais de fait, égaux en travail, en bien-être, en science. Et comme dans une société d'égaux, l'ordre se maintient naturellement, de soi-même, par l'égal intérêt que chacun de ses membres a à sa conservation, vous n'avez que faire de tous les services compressifs et répressifs qui coûtent annuellement des milliards, que la minorité bourgeoise ne saurait qu' « améliorer », et dont vous poursuivez, vous, l'abolition.

Dès lors, quelle conciliation, quel accord pourrait exister entre elle et vous ?

Vos moyens ne sont pas moins différents.

Les moyens de la bourgeoisié, dont la situation est faite, qui n'a plus qu'à conserver, dont la volonté directement ou indirectement fait loi, et qui applique cette loi, sont nécessairement la légalité, la légalité encore, la légalité toujours, au respect de laquelle elle a préposé ses juges, ses policiers, ses prêtres et ses soldats.

Vos moyens à vous, dont l'avénement est entravé de mille manières, dont la place est prise, pourrait-on dire, sont, doivent être d'une toute autre nature. Ce sont ceux des classes *minorisées*, tenues à l'écart, à l'attache, ceux de la bourgeoisie elle-même, lorsqu'elle n'était que le Tiers-Etat, c'est-à-dire *rien* ou peu de chose ; c'est votre nombre, c'est la force qu'il vous constitue ou qu'il vous constituera lorsque vous aurez pu vous compter sur le mont Aventin d'une politique à vous, c'est la Révolution.

Dans ces conditions, pourquoi vous entêter à mêler, à marier l'eau et le feu ? Laissez la classe possédante aller de son côté, — et allez du vôtre.

Votre drapeau ? Mais, ce sont vos adversaires mêmes qui vous l'imposent, en vous obligeant à l'aller ramasser parmi vos morts, rouge encore de votre propre sang.

Ce qu'il doit porter dans ses plis n'est ni long ni difficile à formuler :

Nous voulons que chacun des membres de la

grande famille humaine, au progrès moral et matériel de laquelle il doit concourir, soit assuré à cet effet du développement intégral de ses facultés cérébrales et musculaires. Plus de droit d'aînesse au profit des enfants d'une caste! L'école, la même école et la même satisfaction de leurs besoins pour tous.

Nous voulons que chaque homme mis ainsi en mesure de produire soit obligé de produire au prorata de ses facultés, parce que chacun consomme, et que toute consommation non accompagnée de production est un *vol*. Le travail pour tous! mais le travail approprié aux aptitudes d'un chacun, limité à ses forces, et non le travail homicide et abêtissant de l'heure présente.

Et, comme corollaire et condition *sine qua non* à la fois, nous voulons que le capital premier, antérieur à l'homme, fourni par le sol, ainsi que les *plus-values* successives qu'y a apportées le travail intellectuel et économique des générations qui nous ont précédés, appartienne collectivement à tous et n'appartienne exclusivement à personne. Plus de non-propriétaires réduits, pour ne pas mourir, à mettre en valeur la propriété, les capitaux d'un petit mbre d'oisifs auxquels revient tout le produit ; ais des travailleurs associés, organisés pour la ise en valeur de tout le capital désindividualisé, nt le produit leur reviendra intégralement.

En trois mots :

Le droit au capital pour tous ;

Le devoir du travail pour chacun ;

Et la *socialisation* du développement physique moral de l'enfance, soustrait au hasard familial.

Ce programme, autour duquel nous voudrions voir grouper notre vaillante classe ouvrière, bien déci-e à ne plus servir d'appoint à la bourgeoisie poli-ienne, n'est d'ailleurs pas nouveau. C'est celui la démocratie-socialiste allemande et du *parti vrier socialiste* (socialistic labor party) d'Amé-que, qui, à la bataille professionnelle et perdue avance des ouvriers contre les patrons, qui s'ap-lle la grève, ont substitué, avec autant d'avantage e de raison la seule lutte féconde, la lutte politique ursuivie en tant que classe.

Et cependant, s'il est un pays où la grève eût chance de réussir, c'est sans contredit les Etats-Unis, parce qu'en même temps que la liberté la plus absolue d'association y permet, y favorise les organisations ouvrières, le gouvernement, fédéralisé et réduit à sa plus simple expression, ne dispose que d'une force publique ridicule, 28,000 hommes à peine, pour une population plus nombreuse que la nôtre et pour un territoire trente ou quarante fois plus vaste.

Tandis qu'en France, comme le remarquait tout récemment l'*Economiste français* pour s'en féliciter, « nos ouvriers ne sont pas organisés pour la résistance, et d'autre part, les pouvoirs publics sont parfaitement organisés pour la répression, *en sorte qu'il n'y a même pas de bataille possible.* »

Mais les travailleurs d'au delà de l'Atlantique, comme les travailleurs d'au delà du Rhin, ont compris que la grève, même heureuse, même triomphante, n'améliorait que momentanément et en apparence, — dans le plus grand nombre de cas, du moins, — le sort de ceux qui vivent de salaire ; et cela, parce que l'augmentation de la main-d'œuvre qui peut en résulter n'est pas prise sur la part léonine que le capital s'adjuge dans le produit, mais

2.

va s'ajouter au prix de vente, élevé d'autant ; parce que cette hausse ne tarde pas à s'étendre à l'ensemble de la production, et que, par suite, ce que le gréviste a gagné comme producteur, il n'est pas longtemps à le perdre comme consommateur.

Dans certains cas, sans doute, par exemple lorsque le prix de vente d'un produit a déjà atteint un *maximum* qu'il ne saurait dépasser par suite de la concurrence étrangère sans devenir invendable, la hausse des salaires, sortie de la grève, peut atteindre e capitaliste dans son *profit*, et devenir un gain réel pour l'ouvrier. Ce n'est malheureusement que l'exception, une très-rare exception, et le plus souvent pour ne pas dire toujours, ce dernier se voit enlevé d'une main ce qu'il a conquis de l'autre ; sa *puissance d'achat* ne s'est accrue qu'au prix du renchérissement des objets à acheter, et il se trouve qu'il a lutté, souffert, fait souffrir les siens, tout cela pour rien.

Mais le vice capital de la grève n'est pas là. Ce qui lui enlève toute sa valeur et en fait une arme plus qu'émoussée, c'est que—toujours dans l'hypothèse inutile, d'un succès, impossible en France, — elle laisse les prolétaires aussi prolétaires que par le passé. Leurs besoins peuvent être moins incomplète

ment satisfaits, leur estomac, celui de leur femme et
de leurs enfants, crier moins haut, mais leur condition
de salariés n'est pas modifiée; ils sont toujours de
simples *outils* aux mains des détenteurs du capital,
outils que ceux-ci doivent payer un peu plus cher,
mais *outils*. Ils ne cessent pas de travailler, de
produire pour d'autres que pour eux, dépendant de
ces autres qui ont seuls droit au titre d'*hommes*. La
solution de la question sociale n'a pas fait un pas.
L'instrument et la matière du travail continuent à
être possédés par d'autres que par les travailleurs.

La grève, en un mot, ne mène à rien.

Ce qui ne veut pas dire qu'il faille, comme le vou-
lait certain congrès, la condamner et la proscrire à
tout jamais : le capital n'est que trop porté à rogner
la part du travail pour qu'il n'y ait pas folie à l'en-
courager dans cette voie, par l'assurance préalable
qu'il n'y rencontrera aucun obstacle.

Ce qui ne veut pas dire surtout, comme n'a pas
craint de l'affirmer la logique coopérative, que les
grévistes, quels qu'ils soient, puissent jamais, sans
trahison, être privés de l'appui, du concours de leurs
frères en travail et en exploitation.

Non, la grève peut être un mal nécessaire ; elle peut même être un bien relatif, là, par exemple, où la conscience ouvrière n'est pas formée, et où l'antagonisme des intérêts a besoin de la lutte pour s'affirmer ; ou à la veille, comme préface d'une prise d'armes, pour échauffer les esprits et aiguiser les désespoirs. Et à quelque titre, sur quelque point qu'elle éclate, il est du devoir des travailleurs de partout de « marcher au canon » et de ne faire qu'un, avec la fraction des leurs engagée.

Mais en tant que moyen d'émancipation, il n'y a pas à faire sur elle le moindre fond, à placer en elle la moindre espérance.

Comme le développement régulier des institutions républicaines, la grève, en tant que grève, est impuissante contre l'esclavage moderne, qui ne cédera qu'à l'action révolutionnaire des esclaves coalisés et résolus à vivre libres, c'est-à-dire maîtres du champ qu'ils cultivent, de la mine qu'ils exploitent et de l'atelier qu'ils mettent en valeur.

Paris. — Imp. A. Reiff, 9, pl. du Collége de France.

Pour paraître en brochure du même format et au
même prix que La République et les Grèves

EN SEPTEMBRE :

PROGRÈS PACIFIQUE

ET

SOCIALISME LÉGALE

EN OCTOBRE :

LA LOI DES SALAIRES

ET

SES CONSÉQUENCES

EN DÉPOT

LIBRAIRIE MARTINON

JEANMAIRE Successeur

23, RUE DES BONS-ENFANTS

PARIS

www.ingramcontent.com/pod-product-compliance
Lightning Source LLC
Chambersburg PA
CBHW051332050726
47595CB00006B/2325